흥미도구들

-교사용 지침-

Interest-A-Lyzer: Family of Instruments

A Manual for Teachers

JOSEPH S. RENZULLI 지음

이미순 옮김

박학사

Interest-A-Lyzer: Family of Instruments
by Joseph S. Renzulli

Translated and Adapted for use by Korean Educators by Mi-Soon Lee

Printed in Korea
ISBN 978-89-91633-33-9

역자 서문

1970년 초에 시행한 중학교 무시험진학과 고교평준화 제도에 따른 평등성 교육의 여파로 우수 인재양성에 소홀하다는 사회적 비판을 받게 되면서, 수월성 교육에 대한 관심이 증대되고 국가적으로 교육경쟁력을 강화하기 위해 영재교육 및 일반 학교에서의 수월성 교육을 제고하는 교육프로그램의 운영 필요성을 제기하게 되었다. 이에 교육인적자원부는(2004) “창의적 인재 양성을 위한 수월성 교육 종합대책”을 발표하였고, 2010년까지 전체 초중고생의 5%인 40만 명에 이르는 학생에게 수월성 교육을 추진할 예정임을 보고한 바 있다. 이에 우리나라도 사회 및 교육적으로 영재교육 관련 정책을 수립하고, 적극적으로 이를 추진하는 한편, 영재교육 이론과 실제에 관한 이해를 도모함으로써, 그간 영재교육이 소수의 학생만을 위한 “엘리트주의(Elitism)”라는 비난에서 벗어나 사회와 국가 발전에 이바지하는 “사회적 자본(Social Capital)”을 개발한다는 시각을 전개할 시점에 이르게 되었다.

이 책은 Renzulli(1997)의 『Interest-A-Lyzer Family of Instruments: A Manual for Teachers』를 번역한 것이다. Renzulli 박사는 미국 코네티컷 대학의 교육심리학과 교수였으며, 미국국립영재연구소의 소장으

로 영재교육에 대한 많은 독창적인 이론을 제시하였다. 그 중 영재성의 세 고리 개념, 영재판별모형 및 삼부심화학습 등은 우리나라에 소개된 이 후 많은 영재 교수-학습 프로그램의 이론적 토대를 제시하고 있다.

기존 영재교육에 관한 책들과 비교할 때, 이 책은 학교 현장에서 실제적으로 적용할 수 있는 지침과 방향을 구체적이며 융통적으로 소개한다. 이는 Renzulli 박사 및 그의 동료들이 오랫동안 이론과 실제를 학교 현장에 도입하고 적용하는 연구를 하였기 때문이다. 그러나 이 책에서 제시한 지침 및 방향을 그대로 우리나라 여건에 적용할 수 없으므로, 우리나라 실정에 맞는 영재교육 이론과 실제를 정착시키기 위한 영재교육 실무자, 즉 행정가, 교사 및 부모들의 노력과 열정을 기대한다.

이 책에서는 홍미가 학습에 미치는 영향을 강조하면서, 교육과정 구성 시 학생 홍미를 반영할 수 있도록 이를 측정하고 분석한다. 이 책의 주요 내용을 대략적으로 살펴보면, 우선 인간성취에 대한 홍미의 역할을 통해 Interest-A-Lyzer의 정의와 전체적인 내용을 소개한다. 그 외 Interest-A-Lyzer를 실시하고 해석하는 방법과 시사점을 밝힘으로써, 학교현장에서 학생의 일반적인 홍미패턴과 특별한 홍미패턴을 평가하고, 실제 교육과정 구성으로 연계할 것을 강조한다.

코네티컷 대학에서 공부하는 중에 우리나라 영재교육에서 제일 필요한 사항이 무엇인지 고심하게 되었고, 교육 현장에서 영재를 지도하는 교사를 위한 자료가 부족하다는 현실을 접하게 되었다. 이상의 역자의 고심에 대해 Renzulli 박사는 흔쾌히 우리나라의 영재교육을 담당하는 교사를 위해 여러 권의 책을 우리나라 실정에 맞게 번역하고 수정할 수 있도록 배려해 주셨다. 이 자리를 빌어 Renzulli 박사의 지원과 격려에 감사드리고 싶다. 또한 꼼꼼하게 원고를 검토해 주신 고려대학교 김효정 선생님, 이 책의 출판을 허락해 준 도서출판 박학사 사장님과 편집부에 진심어린 감사를 드리면서, 책에 어린 정성과 노력만큼 우리나라의 영재교육이 발전하길 기원한다.

2007년 5월
이미순

들어가기에 앞서

본 지침서는 6개의 *Interest-A-Lyzer* 도구들로 구성되어 있다. 이 중 5개 도구들은 부록 A에 모두 게재하였다. 지면상의 제약으로 *My Book of Things and Stuff* 도구는 일부만을 선정하여 부록에 게재하였다.

도구들은 30개 단위로 구입이 가능하며, 학급 요약 용지 외에, 각 학생에 대한 요약 용지가 들어있다.

도구의 복사본이 필요한 경우, 아래 연락처로 연락바람.

Creative Learning Press, Inc.
P. O. Box 320
Mansfield Center, CT 06250
Phone: (860) 429-8118
Fax: (860) 429-7783

왜 흥미가 중요한가

홍미는 학습의 효과, 학습에 대한 열의 및 관심 정도를 나타내는 중요한 요인으로, 교육자는 물론 부모 역시 학습에 대한 홍미의 역할을 잘 알고 있다. 이와 같은 이유로 인해, 지난 수년 간 홍미평가는 판별 및 프로그램 모델을 개발하는 데 있어서 핵심적인 요인으로 생각되어 왔다.

다른 일반적인 용어들처럼, 홍미는 매우 유용한 개념이긴 하지만 정의하기가 어렵다. 그 개념을 제대로 정의하지 못하였으나, 본 저자의 연구에 따라, 체계적으로 학생의 홍미에 대한 정보는 물론 분석을 할 수 있도록 홍미도구를 개발하게 되었다. 홍미도구, *Interest-A-Lyzer*는 현장검증을 거쳐 여러 학군에서 실제 사용되고 있다. 몇 년에 걸쳐 본 도구를 수정하였지만, 본질적인 구조는 학생들로 하여금 홍미를 개발하고 연구 가능한 질문 속에서 폭넓게 홍미영역을 갈고 닦고 집중할 수 있도록 여러 주제영역으로 구성하였다.

원본 *Interest-A-Lyzer*를 개발한 다음에, 많은 도구의 도움으로, 여러 연령수준 및 관련 영역(예술 등)에서 평가과정을 확대할 수 있었다.

Ann McGreevy는 저학년용 *My Book of Things and Stuff* 이름의 *Interest-A-Lyzer*를 개발하였다. 본 도구를 통해, 교사는 물론 부모는 유치원 아동의 흥미영역에 대한 다양한 활동을 파악할 수 있다.

Thomas Hébert와 Michele Femc-Sorensen의 도움으로 흥미평가 개념을 중・고등 학생에까지 확대하였으며, 중학생과 고등학생용으로 *The Secondary Interest-A-Lyzer*를 개발하여 실제문제 상황 내에서 흥미영역을 연구할 수 있다.

Vidabeth Bensen은 특히, 예술영역에 초점을 두고 2개의 *Interest-A-Lyzer*를 개발하였다. *The Art Interest-A-Lyzer*와 유사한 형식으로 여러 연령과 학년수준에서 특정영역에 대한 흥미영역을 파악할 수 있다.

Mary Rizza는 *The Primary Interest-A-Lyzer*를 개발하고 본 도구를 편집하고 조직하였다. 연령과 주제영역에 걸쳐 본 도구를 조직하고 이행함으로써 도구의 발행에 있어 매우 중요한 기여를 하였다.

Del Siegle 역시 도구 개발에 도움을 주었으며, Siamak Vahidi는 도구와 관련된 지시문 형식에 많은 도움을 주었다.

Karen Kettle은 원본 *Interest-A-Lyzer*는 물론 도구들이 일관적인 형식을 취하도록 도움을 주었다.

차 례

제 1 장

도 입

본 지침서의 목적은 학생의 흥미를 평가하기 위해 개발된 일련의 도구 사용절차를 소개하는 것으로서 *Interest-A-Lyzer*는 6개의 개별 도구들로 구성되며, 특정 연령 집단과 특정 영역에 대한 흥미를 연구한다. 6개의 도구는 다음과 같다.

The *Interest-A-Lyzer* (초등학교에서 중학교)
The *Primary Interest-A-Lyzer* (유치원에서 초등학교 저학년)
The *Secondary Interest-A-Lyzer* (중학교에서 고등학교)
The *Primary Art Interest-A-Lyzer* (초등학교 저학년)
The *Art Interest-A-Lyzer* (초등학교에서 고등학교)
My Book of things and Stuff (유치원에서 초등학교 저학년)

각 도구를 개략적으로 기술할 것이며 도구의 예들은 부록 A에 수록하였다. 모든 학생의 재능개발을 위해서 본 도구들을 포괄적인 모델의 일부로서 사용하거나 개별적으로도 사용한다. 포괄적인 재능개발 계획에 대한 내용은 창의적인 학습사(Creative Learning Press)에서 발간

한 두 권의 책을 통해서 살펴볼 수 있다.

The Schoolwide Enrichment Model:
A Comprehensive Plan for Educational Excellence
by Joseph S. Renzulli and Sally M. Reis

Schools for Talent Development:
A Practical Plan for Total School Improvement
by Joseph S. Renzulli

재능개발 모델의 주요 내용요소는 종합재능기록표 (Total Talent Portfolio-TTP)로서, 3개의 영역, 즉 능력, 흥미와 좋아하는 학습스타일에서 학생의 강점과 잠재력에 대한 정보를 체계적으로 수집, 기록한다. 학생의 강점과 흥미에 근거하여 교육과정을 수정하고 심화학습 기회를 제공하기 위해, 학생의 흥미 및 학습스타일을 평가하는 것 외에 학생과 교사는 함께 가장 잘한 산출물을 분석한다. 종합재능기록표(Total Talent Portfolio)에 대해 더 알고 싶으면 다음을 참조하길 바란다.

The Total Talent Portfolio: A Manual for Teachers
by Jeanne H. Purcell and Joseph S. Renzulli

제 2 장

인간성취에 대한 흥미의 역할

기본적인 기술학습에서 높은 수준의 창의적인 생산에 이르기까지 모든 인지행동은 흥미도에 따라 결정된다. 인류출현 이후 흥미와 학습의 관계는 끊임없이 제기되었고, 19세기에 접어들어, 철학자들이 그들 간의 밀접한 관계를 인식하게 되면서, 과학적인 연구 주제가 되었다(Herbart, 1806/1965, 1841/1965; James, 1890). Dewey(1913)와 Thorndike(1935)는 학습수준과 여러 영역에서 볼 수 있는 흥미역할의 중요성에 초점을 두고, 학습자의 개인적 특성은 물론 과제 및 대상[1)]에 대한 흥미도(Interestingness)의 중요성을 인식하였다. Piaget(1981)는 모든 지적기능은 흥미와 같은 정서적 과정을 통해 활성화된다고 주장하면서, 이와 같은 인간정보처리 차원을 기술하기 위해 활동적인(energetic)이라는 용어를 사용했다.

---

1) 과제나 대상에 대한 흥미도는 사람의 속성을 나타내기 보다는 오히려 과제나 대상의 속성을 나타낸다. 그러나 흥미도는 학습자의 흥미를 촉진할 정도로 강력하다.

여러 실험적 연구 또한 개인의 흥미가 학습에 미치는 중요한 영향을 기술하였으며(Krapp, 1989; Renninger, 1989; Schiefele, 1988), 발달 이론가들도 흥미의 중요성에 대해 언급하였다. Albert와 Runco(1986)에 의하면, 일차적으로 어떤 영역에 깊은 흥미를 갖게 되면, 더 개인적이고 창의적인 개인의 정체성(identity)이 활성화된다(p. 343). Gruber(1986)는 뛰어난 자기 완성(self-construction)의 주요 힘은 개인의 활동과 흥미라고 주장하면서 창의적인 생활을 위해서 반드시 조숙(precocity), 초기 성취(early achievement), 외골수(single minded), 학문적 자질이 필요한 것이 아님을 언급하였다.

> 하고 싶은 것에 대한 열정적인 흥미가 바로 삶을 즐기는 비결인지 모른다: 나이든 사람이든 어린이든 혹은 치즈 만들기나 벌레 키우기에서 도움을 주든지 못 주든지 간에.
>
> —Julia Child

3부 심화모델(Enrichment Triad Model: Renzulli, 1977b)의 프로그램 효과에 대한 연구들에 의하면, 대학전공과 직업선택을 잘 예측하는 지표는 초기 흥미에 따라 스스로 선택한(self-selected) 프로젝트에 얼마나 집중적으로 참여하였느냐 하는 것이다(Hébert, 1993). 5년 그 이상 동안 심화 프로그램에 참여한 높은 성취수준을 가진 학생들은 비슷한 능력의 다른 또래보다 높은 수준의 창의적인 생산성을 보인다. 보다 창의적이며 생산적인 집단이 일찍, 일관적이며, 더 집중적인 흥미를 보인다(Reis, 1981).

대학전공과 직업선택을 잘 예측하는 지표는 초기 흥미에 따라 스스로 선택한(self-selected) 프로젝트에 얼마나 집중적으로 참여하였느냐 하는 것이다.

비록 본 연구가 왜 흥미가 생기는지에 대한 수수께끼를 풀지는 못했지만, 심화 프로그램에서 사용된 절차들은 어떻게 흥미발달을 촉진할 것인지에 대한 충분한 단서를 제공한다. 첫째, *The Interest-A-Lyzer*나 *My Book of Things and Stuff* (McGreevy, 1982)라는 도구들을 통해 일반적인 흥미평가에 대한 정보를 얻을 수 있다. 둘째, 일반적인 흥미 범주에 근거하여 여러 홍미개발 활동을 제공할 수 있다. 흥미 및 동기를 증진시킬 것으로 보이는 범주 중에서 활동(예: 발표자, 전시물, 견학 등)을 선택해야 한다. 후속 토론과 디브리핑(debriefing)을 고안하여, 잠재적인 추후연구를 탐색하며, 이 때, 추후활동은 단순히 레슨을 학습하는 학습자로서 보다는 실제 전문가의 방식에 바탕을 두고 그들의 지침을 고수해야 한다(Renzulli, 1977b). 추후활동을 할 것인지 안 할 것인지 결정하는 핵심적인 요소는 학생의 선택이다. 이 점에서, 주제와 관련지어 진보적이며 복잡한 수준에서, 과제 및 대상의 흥미도를 증진시켜야 한다.

과제 흥미도와 과제 집착력은 별개의 요인이다. 특별한 주제에 집중적인 흥미를 가진 사람에 대해 갖는 가장 많은 질문은 다음과 같다. 어디서 과제 집착력이 생기는가? 비록 대답은 복잡하지만, 그것을 활성화시키는 것은 개인 성격과 신체의 일부라고 할 수 있는 에너지의 양 및 과제와 대상의 흥미도 간의 상호작용이다.

모든 과제나 대상은 흥미도에서 똑같은 것은 아니며, 불행히도 직접적으로 흥미도를 평가하는 연구는 매우 드물다. Amabile(1989)은 창의성에 영향을 주는 작업활동에 대한 여러 연구를 조사하였다. Ward(1969)는 환경적으로 풍부한 방에서 창의성 과제를 하는 학생들이 그렇지 못한 방에 있는 학생보다 사고 유창성 수준에서 높다고 보고하였다. Feldhusen, Hobson과 Treffinger(1975)에 의하면, 언어적 자극이 주어졌을 때, 확산적 사고(Divergent Thinking)와 관련된 과제가 보다 독창적인 반응을 유도한다고 보고하였다. 높은 수준의 성취와 창의적인 생산을 위해, 흥미와 과제집착력을 사용하고자 한다면, 학생들의 흥미를 평가하고 개발하기 위한 실제적인 방법에 초점을 두어야 한다.

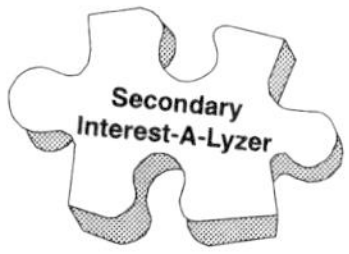

제 3 장

흥미평가시 고려해야 할 사항

학생의 흥미에 따라 교육적 경험을 구성하는 것은 가장 효과적인 방법 중 하나이다. 평가연구에서, 학교생활 중 가장 하고 싶은 것이 무엇인지 질문하면 그 첫 번째 대답은 거의 공부할 주제를 선택하는 더 많은 자유에 관한 내용이다. 역으로 정규 교육에서 가장 큰 장애물이 무엇인지 질문하면, 스스로 주제를 선택할 자유가 적다고 대답한다. 정말 선택의 자유에 관한 한, 대부분 학생의 의견은 매우 부정적이다. 한 학생의 말처럼 "배워야 할 책, 페이지, 문단, 문제, 그리고 얼마나 오래 공부할 것인지 대해서 말할 뿐이다." 일반적으로 심화경험이 이것보다는 덜 엄격하다고 하지만, 정규 교육과정을 보완하는 활동임에도 불구하고, 교사가 지시를 하거나 과제를 부과하는 활동구조와 유사한 유형이 많이 있다.

대부분의 심화활동을 전체학급에서 전개하고 비슷한 유형의 심화활동에 참여하여, 만일 모든 학생들이 미래의 집, 열대 우림 지방에서의 생활 혹은 콜로라도의 바위와 광물들에 대해 형식적인 보고서를 준비한다면, 교사는 선택의 자유에 대해 문제점을 제기해야 한다. 모든 심

> 평가연구에서, 학교생활 중 가장 하고 싶은 것이 무엇인지 질문하면 그 첫 번째 대답은 거의 공부할 주제를 선택하는 더 많은 자유에 관한 내용이다.

화경험이 '문을 크게 열어 놓는다'는 뜻이 아니다. 교사 자신의 강점과 홍미에 따라, 학생들로 하여금 어떤 일반적인 학문영역(예: 미래, 강우림, 지리학 등)으로 제한하도록 유도할 수는 있지만 이 일반적인 학문영역 내에서 보다 구체적인 주제나 문제를 선택할 수 있도록 자유를 주어야 한다. 다시 말해서, 미래와 같은 일반적인 영역에 초점을 둔다고 해서 잘못된 것이 아니라, 미래라는 일반적인 영역과 관련된 주제, 문제, 그리고 방법론들이 많이 있으므로, 학생 개인 혹은 소그룹으로 이를 연구해야 한다는 것이다. 모든 학생이 미래의 집을 설계한다면, 교사는 종종 정규 교육과정에서 볼 수 있는 비슷한 유형의 미리 결정해 놓은(predetermining), 미리 기술된(prescribing) 것을 지도하는 잘못을 범할 수 있다.

학생홍미를 평가할 때, 두 번째로 홍미의 집중도와 어떤 방식으로 학생이 특별한 주제에 관심을 갖는지 고려해야 한다. 홍미판별 시 교사는 처음의 홍미를 보고 학생이 어느 영역에 홍미가 있다고 단정하지 말아야 한다. 특정 홍미대상에 얼마나 열의를 보이는지 상관없이, 초기 홍미를 계속 유지할지 그렇지 않을지에 대한 가능성을 주의 깊게 다뤄야 한다. 학생을 격려하여 홍미영역을 여러 방식으로 조사하고, 조사할 때 소요되는 시간과 자료 등을 찾아보도록 권장한다. 중요한 것은, 초기에 보인 홍미가 표면적인 것 그 이상의 것인지, 또한 실제 특정문제에 깊이 관여해본다는 낭만적인 생각 그 이상의 것인지 아닌지 조사해 보는 것이 중요하다.

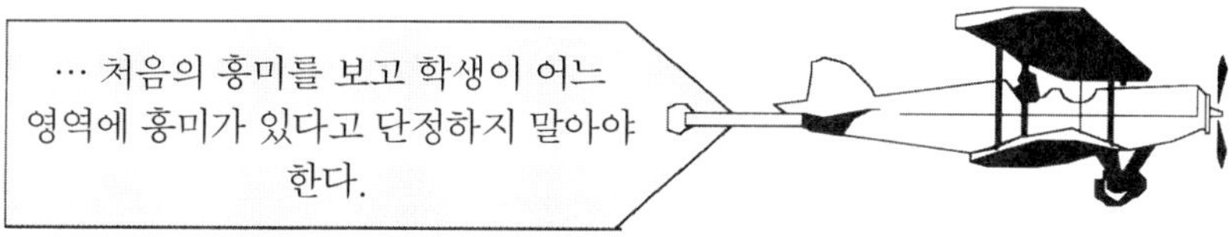

한 예로, 텔레비전 프로그램 ≪뿌리(*Roots*)≫를 보고 가계(Genealogy)에 흥미를 갖게 된 두 명의 학생이 있다. 일반 사회과목 중 하나인 "탐색경험"(exploratory experience)을 위해 비디오를 보여주었는데 두 명의 학생이 특히 흥미로워 해서 추후연구를 하게 되었다. 함께 학습하면서 이들은 계보학에 관한 책들을 찾아보았다. 이 책 가운데 한 권은 『가계도(family tree) 추적 방법』(*American Genealogical Research Institute*, 1975)이란 책이다. 이 책은 가계조사 연구자가 사용하는 여러 방법을 기술하고 있어서, 개인, 가족참고자료, 그리고 출생 사망기록 등 조상에 대한 정확한 정보를 얻을 수 있었다. 또한 유언장과 출생 사망기록 시 사용하는 용어나 수년에 걸쳐 실시된 미국 인구조사에서 나온 정보도 포함하고 있다.

추후탐색활동에서 분명한 것은 엄청난 시간과 학습노력이 필요하다는 것이다. 이런 유형의 탐색작업은 실제로 한 학생의 관심을 증대시켰다. 그러나 또 다른 학생은 계보학 조사를 착수하는데 시간을 끄는 듯이 보였다. 추가 토의를 통해서 이 학생이 뿌리(Roots)의 문학적인 면과 1800년대의 노예 취급에 대한 묘사에서 전달되는 사회부정의에 관심이 있음이 밝혀졌다. 이 학생은 뿌리의 복사본을 얻어 수차례 탐독을 하고 동일한 주제를 다루는 다른 책들에 주의를 쏟았지만 계보연구에는 똑같은 열성을 보이지 않았다.

비록 두 명의 학생 모두 동일한 탐색활동에 관심이 있다고 했지만 그들의 관심은 다르다. 만일 두 학생 모두 초기 홍미결과에 따라 계속 계보연구를 하게 하였다면, 결과적으로 계보연구는 한 학생에게는 재미있는 추후연구이지만, 다른 한 명의 학생에게는 지리하고 강요된 학습훈련이 되었을 것이다. 이 두 번째 학생을 위해서, 초기 미국노예의 삶에 대해 글이나 극본쓰기: 지역 홍밋거리를 소개하기(지하 철도중지, 노예 할당제, 흑인 아동을 위한 초기 학교); 혹은 뿌리의 반응을 알아보기 위해 노예 후손들을 인터뷰하기, 자신의 배경에 대해 얼마나 알고 있는지, 역사상 이와 같은 특정시기에 대해 어떤 감정과 태도를 보이는지 등의 후속 대체안을 찾아볼 수 있다.

학생의 홍미를 높이는 데 있어 교사의 역할은 중요하다. 교사는 학생의 특별한 홍미영역을 발견하고 그것을 창의적으로 개발하는 여러 방법을 스스로 찾을 수 있도록 도와야 한다. 다시 말해, 교사는 학생이 홍미를 보이는 대상과 홍미를 추구할 방법을 찾도록 도와야 한다. 록음악이나 괴기소설, 미국역사에 홍미가 있다고 꼭 음악가, 작가, 역사학자가 되려고 한다고 할 수 없다. 물론 이런 홍미들이 특별한 분야와 연관되어 더욱 창의적으로 표현될 가능성이 있으므로 이 쪽으로 추구되어야 한다.

그러나 중요한 것은 이 주어진 영역 내에서 여러 창의적인 표현양식도 추구할 수 있어야 한다는 것이다. 능력이 있든지 없든지 간에 록음악에 흥미가 있는 학생은 라디오 진행자나 록콘서트 제작자가 되어 봄으로써 자신의 흥미를 더 탐색할 수 있다; 괴기소설에 관심이 있는 학생은 교내신문의 비평난이나 교내 라디오 프로그램에 참가할 수 있다: 미국역사에 관심이 있을 경우, 소설, 연극대본, 관광 안내책자 혹은 사진 에세이 등을 쓸 수 있다.

Sandra Kaplan[2)]의 네 가지 범주에 의하면, 학생은 자신의 흥미를 다음과 같은 방법으로 탐색한다.

- 앞으로 사용하거나 생각해 보려고, 흥미로운 것에 대한 정보를 저장한다.
- (소비자처럼) 더 많은 정보를 축적함으로써, 흥미로운 것을 연구한다. 즉 그냥 재미로, 개인적 만족을 위해 혹은 학교성적 및 직업적 성취를 향상하려고 연구를 수행한다.
- 학생은 흥미로운 것을 상상할 수 있다(예: 위대한 배우나 과학자가 되는 것을 꿈꿀 수 있다).
- 학생들은 활동적으로 흥미를 사용하여 프로젝트, 창의적/생산적인 활동을 한다.

비록 세 번째 범주(상상) 또한 창의적/생산적인 경험 쪽으로 방향지워진다 하더라도, 마지막의 학생들이 활동을 할 때 흥미를 사용하게 되므로, 상위수준의 심화활동이 가능한 것이다. 처음 두 개의 범주는 흥미를 지속하는데 있어서 중요하다. 그러나 이 두 범주는 활동적이기보다는 잠재적이며 수용적이다. 학생의 흥미가 근본적으로 잠재적이

---

2) Sandra N. Kaplan, Tehran, Iran과의 개인적 서신 1976년 7월.

고 수용적이라면, 조사활동을 하도록 강요해서는 안 된다. 그렇지만, 이와 같은 유형의 흥미는 경우에 따라 더 활동적인 표현양식을 가져오기도 하므로 교사는 학생을 격려하여 더 흥미를 탐색하게 한다. 동시에 교사는 생산 지향적이지 못한 흥미에 대해서도 학생의 권리를 존중하여, 학생들의 모든 흥미를 계획해 놓은 추후활동으로 방향짓지 말아야 한다.

제 4 장

개관 및 정의

"*Interest-A-Lyzer* 도구들"의 기본 책략은 학생들로 하여금 그들의 현재 및 잠재적인 흥미를 찾도록 도움을 주는 데 있다. 이들 도구들은 질문지로서 개발되어 학생 개인의 흥미영역을 탐색하며, 모든 연령수준의 학생에게 사용 가능하다.

*Interest-A-Lyzer*의 항목은 여러 실제 및 가상적 상황으로 구성되어 있으며 이와 유사한 상황에 처했을 때, 학생들이 내릴 결정과 반응에 대해 질문한다. 각 도구들은 집단적으로 혹은 개인적으로도 사용 가능하다.

학생의 종합재능기록표(Total Talent Portfolio)의 한 부분으로든지 혹은 전체학급을 대상으로 심화학습을 계획할 때 사용하든지 간에, *Interest-A-Lyzer*를 사용하여 프로그램 기회를 제공할 때, 학생의 생각을 반영할 수 있다. *Interest-A-Lyzer*를 통해서, 현재나 앞으로 할 연구에 방향을 제시하는 틀 안에 자신의 흥미를 더하여 생각하게 된다.

교사로서 우리들은 학생들이 자신의 흥미영역을 파악하고 흥미를 창의적/생산적으로 표현하도록 도움을 주어야 한다.

비록 각 도구가 독특하고, 정해진 대상집단이나 흥미영역에서 사용하도록 개발되었지만, 도구실시 및 해석은 모든 도구들마다 표준화되어 있다. 그러므로 무슨 도구를 사용하든지, 일반 *Interest-A-Lyzer, Primary Interest-A-Lyzer, Secondary Interest-A-Lyzer, My Book of Things and Stuff, Art Interest-A-Lyzer*든지, 동일한 지시사항을 사용할 수 있다.

*Interest-A-Lyzer*의 도구들은 다음과 같다:

The Interest-A-Lyzer. *Interest-A-Lyzer*는 초등학교 고학년과 중학생용으로 개발되어 일련의 개방식 질문을 통해 현재의 잠재적 흥미를 조사한다. 본 도구에서 확인된 일반적인 흥미영역은 다음 페이지의 표에 열거하였다.

The Primary Interest-A-Lyzer. *The Primary Interest-A-Lyzer*는 *Interest-A-Lyzer*와 그 형식이 유사하며, 유치원생부터 3학년까지 학생의 잠재적 흥미를 조사한다. 일반적인 흥미 영역은 다음 페이지에 있다.

*Interest-A-Lyzer*의 주요 목적은 학생내부는 물론 학생과 교사간의 의사소통을 "열어놓는" 것이다. 또한 유사한 흥미를 가진 학생들이 상급수준에서 추구하고자 하는 영역을 확인하고 토론할 수 있도록 개발되었다.

The Secondary Interest-A-Lyzer. *The Secondary Interest-A-Lyzer*는 고등학생용으로 개발되었으며, 개방식 질문을 통해 추구하고 싶은 홍미를 찾는다. 본 도구에서 조사하는 홍미영역은 *Interest-A-Lyzer*와 *The Primary Interest-A-Lyzer*와 유사하다. 눈에 띄는 변화는 고등학생(9~12학년)에게 적합하도록 단어와 예들을 바꾼 것이다.

일반적 흥미 영역

1. 무대 공연예술
2. 창의적인 작문과 저널리즘
3. 수학
4. 비지니스 경영
5. 운동
6. 역사
7. 사회활동
8. 순수예술과 공예
9. 과학
10. 기술

The Art Interest-A-Lyzer. *The Art Interest-A-Lyzer*는 새로운 도구로, 학생들로 하여금 미술 영역에서 여러 홍미를 탐색할 수 있도록 한다. 초등학생과 중학생용으로 개발된 질문들은 미술가가 일반적으로 추구하는 홍미영역들로 이뤄졌다.

The Primary Art Interest-A-Lyzer. 예술적인 재능이 특정 연령에 국한 되는 것이 아니라는 전제에 기초하여, *The Primary Art Interest-A-Lyzer*는 어린 학생들에게 매개물을 주고 여러 미술영역에서 현재와 잠재적인 홍미를 탐색하도록 한다. 홍미영역은 *The Art Interest-A-Lyzer*와 유사하지만, 더

예술 흥미영역

1. 색칠하기
2. 드로잉
3. 사진
4. 조각
5. 인쇄
6. 상업예술
7. 미술사

어린 학생에게 적합하다.

My Book of Things and Stuff. 특히 어린 아동의 흥미를 평가하기 위해 개발된 도구로서, 일반적인 흥미영역과 학습스타일을 나타내는 40개의 질문을 그림과 함께 제시한다. 본 도구는 아동과 일대일 상호작용을 권장하며 계획단계에서 부모를 참여시키는 효과적인 방법을 제시한다.

제 5 장

실시와 해석

성공적으로 *The Interest-A-Lyzer* 도구들을 사용하는 가장 좋은 방법 중 하나는 학생들에게 도구의 기능과 목적을 설명하는 것이다. 각 도구의 기능, 학생들이 하고 싶은 활동과 영역을 결정하도록 기회를 주고 현재와 잠재적인 홍미의 범위를 알아보도록 하는 것임을 설명한다. 비록 홍미에 기초하여 활동을 추구하는 것이 전반적인 학교교육의 목적 중 하나일지 몰라도, 어떻게 *The Interest-A-Lyzer*와 그 목적들이 학생의 홍미와 관련이 있는지 알려주는 것은 매우 중요하다.

학생 스스로 선택한 학습기회와 관련이 있는 목적에 대해 토론하고 *The Interest-A-Lyzer*에서 요약되어 있는 지시문을 통해서 홍미와 목적이 서로 갖는 관계를 명확히 할 수 있다. 자유롭고 개방적인 토론으로 학생들은 본 도구가 정말 여러 홍미를 추구하고 결과적으로는 특별한 주제와 문제영역에 초점을 두고 탐색하도록 돕는다는 결론에 도달한다.

*The Interest-A-Lyzer*를 실시할 때, 조명등과 스포트라이트가 서로 교차하는 것을 비유로 사용할 수 있다. 조명등은 분명한 경계가 없는 곳을 비출 때 사용하며, 반면에 스포트라이트는 훨씬 더 집중적으로 비추고자 할 때 사용한다.

더 넓은 영역에서 출발함으로써(예: 조명등), 더 많은 흥미영역을 살펴볼 수 있다. 다시 말해 처음에 더 넓게 탐색을 한 후, 이 영역에서 탐색하고 싶은 것을 선택하고 초점을 두는 것이다(예: 스포트라이트). 예를 들어, 언어에 흥미가 있다고 하자. 여러 유형의 작문을 탐색하면서 한 장르에 도달하게 된다(예: 시). 대신 초점을 더 특별한 시의 영역 예를 들어, 5행 희시(Limerick)나 하이쿠(Haiku)에 쏟게 된다.

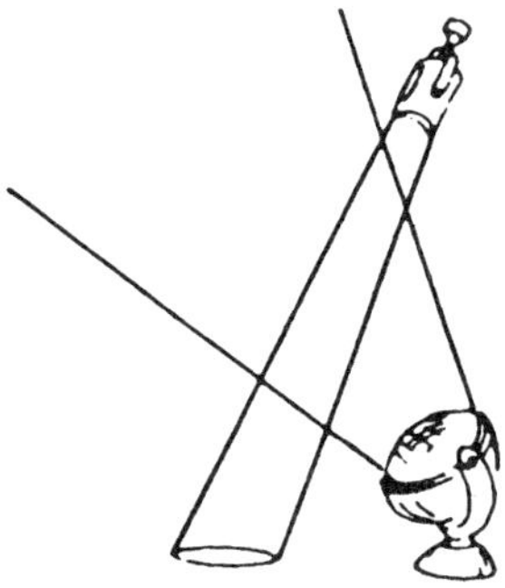

제 6 장

실 시

*The Interest-A-Lyzer*를 실시할 때 우선 고려할 점은 시간이다. 이와 같은 유형의 도구를 끝까지 함으로써, 아이디어가 부화되고 (incubation) 흥미에 대해 생각하게 된다. 교사는 그 자리에서 *The Interest-A-Lyzer*를 끝내도록 하지 않는다. 즉각적인 반응을 요구했을 때, 많은 학생들은 대개 인위적인 대답을 한다. 교사는 학생들이 항목을 읽고, 며칠 동안 생각해 보고, 마지막에 대답을 기록하게 한다.

교사는 학생들이 매일 이것을 생각하게 하고 그들의 생각에 대해 물어본다. 학생들은 생각을 일기장이나 노트에 적어서, 그 도구에 반응할 때, 생각이 잘 나도록 할 수 있다. 교사는 또한 학생을 불러 부모와 함께 도구에 대해 의논할 수 있다. 그러나 중요한 것은 부모의 의견보다는 학생의 의견을 파악해야 한다는 것이다. 또한 급우 및 친구들과 자신의 생각을 이야기하지 말도록 하는 것도 좋은 생각이다. *The Interest-A-Lyzer*를 다 한 후에, 집단토론과 의견을 나누는 기회가 있다고 알려준다. 초기 단계의 주요목적은 학생 자신에게 떠오르는 반응들을 찾아내는 것이다.

제 7 장

해 석

The Interest-A-Lyzer 도구들을 해석할 때, 일반적인 관점에서 시작할 수 있는데, 특히, 일반적인 홍미범주에서 해석하는 데 차이가 있을 수 있다(제4장 일반적인 홍미영역 참조). 심지어 *The Art Interest-A-Lyzer* 도구를 보더라도, 특정영역과 프로젝트로 범위를 좁히기 전에 탐색해 보아야 할 일반적인 주제가 있다.

일단 *The Interest-A-Lyzer*를 다 하면, 반응분석은 다음의 2단계를 거친다.

단계 1: 일반적인 흥미패턴 평가

처음 단계는 일반적인 패턴을 찾는 것이다. 도구에서 분명하게 볼 수 있는 주요 홍미영역 패턴은 뒤쪽에 있다.

범주들은 일반적인 분야이거나 홍미군들임을 기억하자. 어떤 특정 영역에 대한 개인의 홍미는 여러 가지 방식으로 나타난다. 기억해야 할 점은 일반적인 패턴을 확인하는 것이 흥미분석의 첫 번째 단계라는 것이다. 일반적인 흥미를 재정의하고 초점을 두어 학생들이 일반영역이나 여러 결합된 영역 내에서 상대적으로 특별한 문제에 흥미를 갖게 한다.

단계 2: 특별한 흥미 평가

두 번째 단계는 대개 일반적인 패턴을 확인하는 것보다 더 어렵다. 왜냐하면 일반적인 것에서 특별한 것으로 옮아갈 때, 학생들이 독립적으로 결정하기 보다는 교사가 어느 정도 주어진 문제를 학생에게 부과할 수 있기 때문이다.

또 다른 위험은 학생들이 재미나 개인적인 만족을 위해 주제연구에 흥미를 보이기도 하지만, 그 주제영역에서 창의적인 실제 연구자처럼 되어 보기에 흥미가 없을지 모른다. 이런 문제는 아마도 문제가 점차 좁혀질 때 나타나며, 그러므로 교사는 이 과정에서 개별 학생 및 소집단으로 주의 깊게 살펴보는 것이 중요하다.

문제를 점점 좁히고 *The Interest-A-Lyzer*의 반응을 해석하기 위한 특별한 기본절차가 있다. 첫 번째 단계는 소집단 토론을 하여, 학생들은 어떤 특정항목에 대한 자신들의 반응을 서로 주고받는다. 어떤 학생이 소집단 토론활동에 참여하길 꺼려한다면, 개인적으로 교사, 친구 혹은 다른 어른과 이야기를 나눌 수 있는 기회를 마련해야 한다. 토론 동안, 다음 페이지에 열거해 놓은 일반적인 것 그 이상의 패턴을 찾도록 노력한다. 예를 들어, 어떤 학생들은 일관적으로 "외향적"(extroversion) 특성이 있는 활동들 배우, 음악가, 무용가 혹은 배경 쇼를 조직하는 것 등을 좋아한다. 이와 같이 일관적으로 학생들이 공연가와 상호작용하거나 텔레비전 스튜디오, 발레 공연 혹은 무대 연극 같은 장소 방문에 관심을 보이면, 교사는 언어, 수 혹은 악보 보다는 학생이 공연이나 "대중 앞"에 서는 것을 좋아한다고 결론을 내릴 수 있다.

탐색할 선호하는 범주들

- ⌧ 정확성과 정확도를 요구하는 활동(예: 편집, 과학실험, 오케스트라 연주)
  - 사람을 만나고 다루는 것을 좋아함(예: 가르치기, 환경 캠페인 조직)
- ⌧ 실외에서 작업하는 활동(예: 키우기, 캠핑, 야생연구)
  - 다른 사람을 돕는 것을 좋아함(예: 유아원이나 유치원 자원봉사, 의사, 치과의사, 수의사)
- ⌧ 디자인이나 시각적으로 호소적인 색깔, 물질, 예술작품과 관계있는 활동(예: 의상, 의류, 연극 세트, 풍경, 보석, 금속 공예)
  - 기계, 도구, 정확도를 요하는 장비 사용을 좋아함(예: 사진, 건축, 가구 공예)
- ⌧ 음악, 작문, 그림 혹은 움직임을 통해 창의적으로 표현하는 것과 관련된 활동(예: 만화, 희곡, 작곡, 안무)
  - 리더십, 사업 혹은 운영하는 것을 좋아함(예: 연극 디렉터, 비

지니스 경영자, 조직체 사무원)

- ⌦ 법, 도덕, 종교적 문제에 대한 관심(예: 동물 은신처 보호를 위한 청원서, 여자도 스포츠 활동에 똑같이 참여하자는 캠페인)
  - 💡 계산 및 수적인 문제를 좋아함(예: 계산기 및 컴퓨터 사용, 수학적 게임과 퍼즐 발명, 수수께끼 만들기)
- ⌦ 컴퓨터 기술을 이용한 의사소통에 흥미를 보여주는 활동(예: 이메일을 통한 서신교환, 온라인 데이터베이스를 이용한 정보 찾기)

분명히, 위의 예들 중에서 상호 관련되거나 서로 겹치는 것이 있다. 그렇지만 잘 지도하기 위해선, 교사는 더 집중적인 추후활동을 할 수 있도록 가장 큰 잠재성을 가진 흥미를 골라내야 한다.

제 8 장

시사점

*The Interest-A-Lyzer*를 적절하게 사용하기 위해서는 추후분석이 중요하다. 추후분석은 유사한 흥미패턴에 따라 학생 혹은 그룹별로 이야기를 나누고 유사한 흥미패턴에서 도출된 가능한 활동들을 찾아보는 것이다.

어떤 경우, 집단 프로젝트나 전체 학급활동이 바람직하며, 창의적으로 표현할 수 있는 여러 기회를 추후활동에서 제공한다. 신문, 잡지, 영화, 비디오 만들기, 연극 이벤트 혹은 환경연구단체 결성들을 통해서 여러 흥미를 표출하게 한다. 학급 크기와 자료 유용성에 따라, 소집단, 개인 혹은 학급에서 활동을 전개할 수 있다. 학생의 특정한 흥미가 실현 불가능한 것이면, 왜 할 수 없는지 설명하는 것이 중요하다(예: 물

품부족, 공간부족 등).

추후과정에서 생각해야 하는 부차적인 단계는 "실행가능성(feasibility)"이다. 과도한 비용, 불충분한 시간, 필요한 인적, 물적 자원이 없을 경우, 어떤 홍미는 연구 가능하지 않다. 예를 들어, 달 여행에 홍미가 있다고 하자! 비록 달 여행 가능성이 희박하다고 해도, 우주비행사의 생활을 연구하거나 비행사가 되고 싶은 사람을 위한 교육프로그램 및 훈련을 만들어 보도록 제안함으로써, 이와 같은 홍미를 이용할 수 있다. 다른 예로, 위험한 상황이나 민감한 문제(예: 스카이다이빙, 미성년자 성경험 등)는 행정부와 공공관계 문제에 저촉된다. 연구 실행가능성과 어떤 영역에서 생길 수 있는 장애 및 가능한 결과를 토론함으로써, 실제적이며 수용 가능한 활동으로 홍미를 유도한다.

이 점에서, 집단 프로젝트 가능성을 탐색하는 목적 하에 유사한 홍미를 가진 학생들을 격려하여 하위집단을 구성한다. 브레인스토밍(brainstorming) 섹션에서는 여러 창의적인 활동을 할 수 있는 가능한 방법에 초점을 둔다. 집단 상호작용이 갖는 많은 장점이 있지만, 교사는 집단 프로젝트를 할 때 서로 생각이나 과정을 상호 공유하지 않는 학생의 경우도 있음을 염두에 두어야 한다. 이와 같은 경우, 오히려 독립적으로 활동할 기회를 주거나 혹은 유사한 관심을 갖는 다른 학생과 팀을 이룰 수 있

도록 하는 것이 더 바람직하다. 상위수준의 학생은 독립적이고 리더십 성향이 강하므로, 여러 개별화된 프로그램을 통해서 이와 같은 특성 또한 개발해야 한다.

집단 프로젝트에서 리더 역할을 수행할 기회는 적다. 이와 같은 경우에, 교사는 몇 개의 큰 집단 프로젝트를 조직하는 것과 여러 개의 소집단 및 개인활동을 구성하는 것 사이에 이점을 주의 깊게 판단해야 한다. 이상의 판단을 내릴 때 주요 지침은 바로 각 학생이 선호하는 바를 우선시 한다는 것이다. 집단 프로젝트의 역할과 책임에 대해 개방적으로 토론하고 참여가 확실하지 않은 학생을 개별적으로 상담한다. 한 두 명의 학생이 집단 프로젝트에 참여를 꺼려할 경우라도, 편안히 자기가 생각하는 방향으로 나아갈 수 있도록 배려한다. 즉, 이들 학생의 개별성 및 독립성을 칭찬, 격려해주고, 과정에 초점을 맞추어 활동을 다시 시작하게 한다.

The Interest-A-Lyzer 도구들을 현장 검증한 결과, 본 도구들은 집단토론과 심도 있는 개별상담의 기초로서 활용이 가능한 것으로 나타났다. 또한 현장검증 결과에 의하면, 흥미에 대한 자가 분석은 계속 진행중인 과정이므로 서둘지 말아야 하며, 친구 따라 강남 간다는 식은 물론 고정관념으로 자리잡은 반응들을 피할 수 있는 단계적 조치의 필요성을 시사하였다. 이와 같은 문제를 극복하기 위해, 도구의 지침을 주의 깊게 개발하였다. 그러나 학생들이 자신의 반응에 대해 이야기할 방법이나 사람을 결정할 때, 교사는 충분한 자유를 주어야 한다.

The Interest-A-Lyzer 현장 검증 시, 주목 받은 또 다른 문제는 어린 학생은 어떤 특정 주제에만 제한적으로 노출되었다는 점이다. 예로서,

환경 연구에 흥미를 갖고 있던 어느 4학년 학생들은 학교 재활용 프로그램을 시작하는데 주축이 되었다. 기술 선생님의 도움으로 일부 학생들은 재활용에 대한 뉴스레터를 시작하여 학교는 물론 세계 전역에서 계속 업데이트하여 발행하였다.

일반 *The Interest-A-Lyzer*의 항목 9는 가상적 상황에 관한 것으로 신문의 여러 섹션 중에서 어느 부분을 하고 싶은지 묻는다. 현장 검증 시, 대부분의 학생은 신문의 여러 섹션이 갖는 특징을 잘 몰랐으므로, 브레인스토밍 활동을 계획하여, 여러 신문의 부분 부분을 잘라내고, 확인하도록 하였다. 오려낸 기사들은 안내 게시판 형식으로 전시하였고 각 섹션의 속성과 특성에 주목하도록 하였다. 이와 같은 활동을 통해서 학생들은 질문지 항목에 더 잘 반응하였다. 본 도구를 사용하는 사람은 대상 학생의 연령과 성숙 정도를 고려하여 각 질문항목을 검토해야 한다. 혹시 어떤 반응항목의 내용을 잘 모르는 경우, 위에서 언급한 것과 같은 활동을 생각한다. 교사는 또한 어린 학생이나 문화적으로 다양한 배경 출신의 학생을 위해서, 본 도구의 항목을 수정하거나 덧붙일 수 있다.

전체 학급과 소집단으로 교육과정을 계획하고 실시할 때, 학생의 흥미에 관한 정보를 사용할 수 있다. 학생흥미, 학습스타일 및 강점에 대

학교에 심화활동을 도입하는 가장 효과적인 방법 중 하나는 바로 학생흥미를 중심으로 교육경험을 구성하는 것이다.

한 분석 결과나 정보는 종합재능기록표(Total Talent Portfolio)에 기록한다. 교육과정압축(Curriculum Compacting: Reis, Burns, & Renzulli, 1992)과 같은 책략과 심화집단(Enrichment Cluster: Renzulli, 1994) 활동도 일단 *The Interest-A-Lyzer*에서 적절한 정보를 얻는다면, 더 잘 실시하고 촉진할 수 있다.

참고문헌

Albert, R.S., & Runco, M.A. (1986). The achievement of eminence: A model based on a longitudinal study of gifted boys and their families. In R. J. Sternberg & J.E. Davidson (Eds.), *Conceptions of giftedness* (pp. 332-357). New York: Cambridge University Press.

Amabile, T.M. (1989). *The social psychology of creativity*. New York: Springer-Verlag.

American Genealogical Research Institute. (1975). *How to trace your family tree: A complete and easy-to-understand guide for the beginner*. Garden City, NY: Doubleday.

Dewey, J. (1913). *Interest and effort in education*. New York: Houghton Mifflin.

Feldhusen, J.F., Hobson, S.K., & Treffinger, D. (1975). The effects of visual and verbal stimuli on divergent thinking. *Gifted Child Quarterly, 19*(3), 205-209, 263.

Gruber, H.E. (1986). The self-construction of the extraordinary. In R. J. Sternberg & J.E. Davidson (Eds.), *Conceptions of giftedness* (pp 247-263). New York: Cambridge University Press.

Hébert, T.P. (1993). Reflections at graduation: The long term impact of elementary school experiences in creative productivity. *Roeper Review, 16*, 22-28.

Herbart, J.F. (1806/1965). General theory of pedagogy, derived from the purpose of education. In J.F. Herbart (Ed.), *Writing an education*, (Vol. 2, pp. 9-155). Dusseldorf: Kuepper.

Herbart, J.F. (1841/1965). Outline of education lectures. In J.F. Herbart (Ed.), *Writing an education*, (Vol. 1, pp. 157-300). Dusseldorf: Kuepper.

James, W. (1890). *The principles of psychology*. London: MacMillan.

Krapp, A. (1989). The importance of the concept of interest in education research. *Empirische Paedagogik, 3*, 233-255.

McGreevy, A. (1982). *My book of things and stuff: An interest questionnaire for young children.* Mansfield Center, CT: Creative Learning Press.

Piaget, J. (Ed.). (1981). *Intelligence and affectivity: Their relationship during child development.* (Trans.) Annual Reviews Monograph. Palo Alto, CA: Annual Review.

Reis, S.M. (1981). *An analysis of the productivity of gifted students participating in programs using the Revolving Door Identification model.* Unpublished doctoral dissertation, The University of Connecticut, Storrs.

Reis, S.M., Burns, D.E., & Renzulli, J.S. (1992). *Curriculum compacting: The complete guide to modifying the regular curriculum for high ability students.* Mansfield Center, CT: Creative Learning Press.

Renninger, K.A. (1989). Children's play interests, representations, and activity. In R. Fibush & J. Hudson (Eds.), *Knowing and remembering in young children* (pp. 127-165). Emory Cognition Series (Vol. 3). Cambridge, MA: Cambridge University Press.

Renzulli, J.S. (1977a). *The Interest-A-Lyzer.* Mansfield Center, CT: Creative Learning Press.

Renzulli, J.S. (1977b). *The Enrichment Triad Model: A guide for developing defensible programs for the gifted.* Mansfield Center, CT: Creative Learning Press.

Renzulli, J.S. (1994). *Schools for talent development: A practical plan for total school improvement.* Mansfield Center, CT: Creative Learning Press.

Schiefele, U. (1988). Motivated conditions of text comprehension. *Zeitschrift Paeodgogik, 34,* 687-708.

Thorndike, E.L. (1935). *Adult interests.* New York: MacMillan.

Ward, V.S. (1961). *Educating the gifted: An axiomatic approach.* Columbus, OH: Merrill.

부록 A

도구의 예

INTEREST-A-LYZER
Family of Instruments

요약

학생: ______________________ 날짜: ______________
학년: ________ 교사: ______________________ 평가자: ______________

지시문: 학생이 다 한 *Interest-A-Lyzer*를 살펴본 후에, 각 개별 반응이 속하게 되는 일반적인 영역을 결정하십시오. 각 범주의 왼쪽에 있는 네모에 셈표를 하고, 오른쪽에는 학생이 보이는 특별한 흥미를 간단히 적습니다. 간단히 사용하려면, 학생이 보이는 흥미영역에 X표만 할 수도 있습니다.

☐ 무대 공연예술	
☐ 창의적인 작문과 저널리즘	
☐ 수학	
☐ 비지니스/경영	
☐ 운동	
☐ 역사	
☐ 사회 활동	
☐ 순수예술과 공예	
☐ 과학	
☐ 기술	

INTEREST-A-LYZER
Family of Instruments

교실 요약

교사: 학년: 학생:	무대공연예술	창의적 작문과 저널리즘	수학	비지니즈	경영	운동	역사	사회활동	순수예술과 공예	과학	기타

Joseph S. Renzulli
Mary G. Rizza
University of Connecticut

PRIMARY INTEREST-A-LYZER

이름: ______________________ 나이: ______________________
교사: ______________________ 날짜: ______________________

교사 및 부모에게

본 *Interest-A-Lyzer*는 유치원 아동부터 3학년 학생까지 대상으로 전체 학급에서 실시할 수 있습니다. 특히, 잘 읽지 못하는 학생에게는 특별한 주의를 기울여 주시기 바랍니다. 전체 지시문을 읽어줄 때나 문제를 계속 풀도록 하기 위해 각 문제마다 있는 그림 단서를 이용할 수 있습니다. 학생의 반응 및 어떤 글자를 쓴 것인지 알아보기 힘든 경우에, 다른 사람의 도움을 얻을 수 있습니다.

본 도구의 해석은 *Interest-A-Lyzer*의 다른 버전들과 유사하며 더 넓은 범주 내에서 학생의 반응을 살펴봅니다. 정보가 많을수록 해석하기 더 쉽습니다. 가능하면, "왜" "얼마나 오랫동안" 혹은 "더 있니" 등의 질문을 통해, 될수록 많은 정보를 얻어야 합니다.

본 도구는 학생들과 긍정적이고 즐거운 활동을 할 수 있는 기회를 제공할 뿐 아니라, 학생은 물론 그들의 비학문적인 흥미도 파악할 수 있도록 해줍니다. 본 도구에서 기억할 것은 정답이 없다는 것입니다. 각별히 주의하셔서 각 반응이 정말 학생 자신의 흥미인지 확인해야 합니다. 시간 제한은 없고, 학생들을 충분히 격려하여 도구에 직접 기입하기 전에 어떻게 대답할 지 생각할 수 있도록 해 주십시오.

어떤 종류의 책 읽기를 좋아하나요?

무슨 책을 좋아하나요?

어떤 클럽이나 팀에 다니고 있나요? 무엇인지 말해 주세요.

과거로 여행할 수 있다고 상상해 보세요. 어디로 갈 것인가요?

여러분은 다음에 어떤 책을 쓸까 생각하고
있는 유명한 작가예요. 무엇에 관한 책인가요?

제목은?

제일 좋아하는 텔레비전 프로그램 세 가지는 무엇인가요?

애완동물이 있나요? 어떤 것이에요?

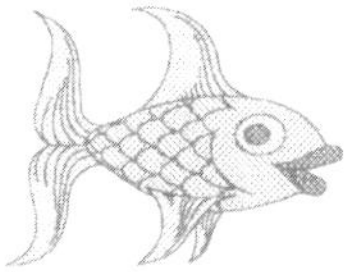

만약 애완동물을 가질 수 있다면, 어떤 것을 갖고 싶은가요?

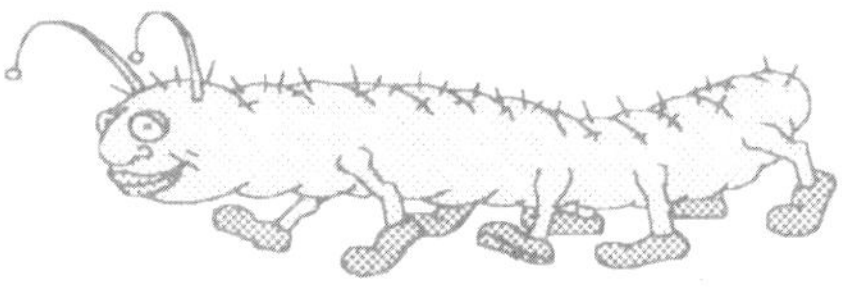

사람들은 게임을 좋아하는데 여러분은 무슨 게임을 좋아하나요?

____

____

____

새로운 게임을 만들어서 해 본 적이 있나요? 무엇인지 말해 주세요.

____

____

____

견학을 간다고 생각해 보세요. 견학 갈 곳을 선택할 수 있다면 어디로 갈 것인지 세 개만 골라주세요.

_____ 박물관
_____ 운동 경기장
_____ 음악을 연주하는 곳
_____ 신문을 만드는 곳
_____ 텔레비전 스튜디오
_____ 법원
_____ 동물원
_____ 극장
_____ 과학 센터
_____ 아이스 쇼
_____ 시청
_____ 소방서
_____ 식물원
_____ 경찰서
_____ 놀이공원
_____ 사회 활동

여기 외에 다른 곳이 있나요?

____

____

가족, 친구들과 함께 달로 이사할 것이라고 생각해 보세요.
무엇을 가지고 갈 건가요?

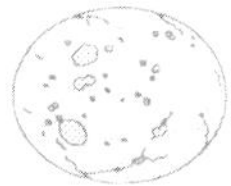

어떤 것 모으는 것을 좋아하나요?
모으고 있는 것은 무엇인가요?

어떤 사람은 쓰고 싶은 말이나 이야기를 일기장에 써요.
여러분은 일기장을 가지고 있나요?
여러분은 어떤 것을 쓰고 싶은 가요?

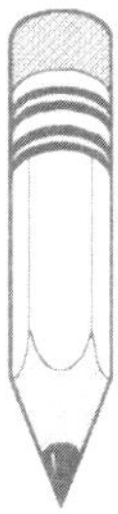

어떤 사람은 만들기를 좋아해요. 냄비 받침, 구슬 꿰기, 나무로 물건을 만들기도 해요. 이런 만들기를 하고 싶나요?

어떤 것을 만들고 싶나요?

어떤 사람은 음악 듣는 것을 좋아해요.
무슨 음악을 좋아하나요?

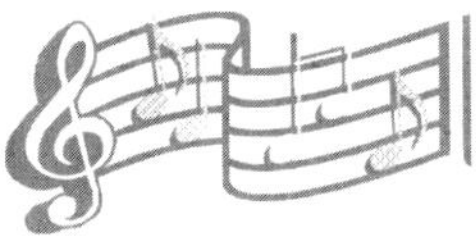

좋아하는 가수나 밴드가 있나요?

악기를 연주 하나요? 무엇을 하는지 말해 주세요.

사람들이 하고 싶어 하는 것을 적어 놓았어요.
이 중에서 좋아하는 것이 있나요?
하고 싶은 것이 있으며, 밑줄 위에 체크 표시를 하세요.
한 번 시도해 보고 싶은 것에 동그라미 하세요.

_______ 오페라, 발레, 극장에 가기

_______ 비밀 번호 만들기

_______ 동물을 도와주기

_______ 진짜나 상상하여 다른 언어로 말하기

_______ 만화 만들기

_______ 과학 실험하기

_______ 정원 가꾸기

_______ 악기 연주하기

_______ 진흙으로 만들기

_______ 장기두기

_______ 레고나 블럭으로 만들기

_______ 어떻게 작동하는지 해체해 보기

_______ 세어보기(나뭇잎이나 바닥의 타일)

_______ 요리하기

_______ 퍼즐 맞추기

_______ 수학 문제 풀기

그림 그리기를 좋아하나요?
어떤 것 그리는 것을 좋아하나요?

____

____

____

여기 밑에다 그림을 그려보세요.

잠깐만! 우리가 잊어버린 것이 있나요?
우리가 물어보지 않은 다른 것에 흥미가 있나요?

____

____

____

____

The Interest-A-Lyzer

Joseph S. Renzulli
University of Connecticut

학생: ______________________ 나이: ______________
학교: ______________________ 학년: ______________
날짜: ______________

본 질문지는 여러분들이 자신의 흥미와 잠재적으로 흥미가 있는 영역을 찾도록 도와주는데 그 목적이 있습니다. 질문지는 테스트가 아니므로 정답은 없으며 여러분의 대답은 비밀이 보장됩니다. 만약 교사나 다른 학생들과 본 질문지에 대해 이야기를 나누고 싶다면, 그렇게 할 수 있습니다.

일부 심화활동 시간을 사용하여 개인 혹은 소집단 프로젝트를 할 것입니다. 이 때 여러분에게 흥미 있는 프로젝트를 할 수 있기를 바랍니다. 그러므로 여러분이 어떤 것에 흥미가 있는지 생각할 필요가 있습니다.

흥미를 찾는 좋은 방법은 기회가 주어진다면, 무엇을 하고 싶은지 또 어떻게 할 것인지 생각하는 것입니다. 다음의 질문은 "상상해 보세요"라는 형식으로 이뤄졌으며, 이 가상적 상황에서 여러분이 내릴 결정에 대해 생각해 보는 것입니다.

문제를 읽을 때 친구가 어떻게 쓸지, 또 친구가 여러분의 대답에 대해 어떻게 느낄지 생각하지 마십시오. 기억할 것은 여러분이 비밀을 원한다면, 어떻게 대답했는지 아무도 알 수 없습니다.

지금 당장 질문에 대답하지 않아도 됩니다. 반복해서 읽고 며칠 동안 생각한 후에 대답해도 됩니다. 다른 사람과 질문에 대해 의논하지 마십시오. 때때로 다른 사람의 의견이 영향을 미쳐서 여러분 자신의 흥미를 찾는데 방해가 될 수 있습니다. 본 도구는 여러분 자신의 흥미에 대해 생각하도록 하는 것이 목적입니다.

1.

여러분의 학급이 비디오 제작 회사를 만들었다고 상상해 보세요. 처음에 학생마다 서명을 하고 그 다음에 아래에 있는 직업 중 하나를 선택합니다. 여러분은 첫 번째로 무엇을 선택할 것인가요? 첫 번째는 1을, 두 번째는 2를, 그 다음에는 3으로 표시해 주세요.

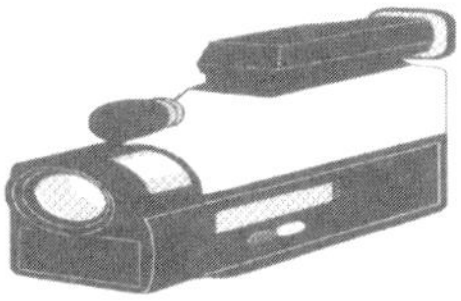

____ 배우
____ 디렉터
____ 음악가
____ 비지니스 운영자
____ 컴퓨터 효과 음향 전문가
____ 후원자
____ 광고 담당자
____ 스크립트 구성작가
____ 의상 디자이너
____ 배경 디자이너
____ 조명/ 음향 담당자
____ 카메라 담당자
____ 무용가

2.

유명한 책의 작가라고 상상해 보세요. 책의 주제는 무엇인가요? 하나만 동그라미 하세요.

순수예술	비지니스	과학
수필	역사	사회 활동
스포츠	수학	무대 공연 예술
기술		

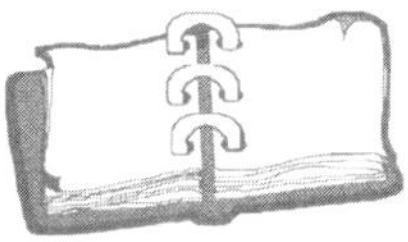

무엇에 대한 것인가요?

____

____

____

____

책 제목은 무엇인가요?

____

3. 컴퓨터나 전화를 사용하여 세계 여러 곳의 사람과 의사소통할 수 있어요. 여러분의 학교가 인터넷이나 전화 시스템을 설치하여, 세계 누구와도 의사소통할 수 있다고 상상해 보세요. 누구와 의사소통하고 싶은가요?

첫 번째: ____________________
두 번째: ____________________
세 번째: ____________________

4. 타임머신을 타고 과거의 유명한 사람이 어느 시대에나 갈 수 있다고 상상해 보세요. 만약 이 사람들을 여러분의 학급에 초대할 수 있다면, 누구를 초대할 것인가요?

첫 번째: ____________________
두 번째: ____________________
세 번째: ____________________

5. 수집하는 것이 있나요? 우표, 동전, 사진, 야구 카드 혹은 여러 가지 것들을 수집하나요? 여러분이 수집하는 것과 몇 년 동안 수집했는지 적어주세요.

수집하는 것	수집한 년수
____________________	__________
____________________	__________

다른 원하는 것을 수집할 수 있는 시간과 돈이 있다고 상상해 보세요. 무엇을 수집할 건가요?

____
____

6. 새롭고 흥미진진한 도시로 여행할 기회가 있다고 상상해 보세요. 방문할 곳을 3개만 선택하세요. 첫 번째로 가고 싶은 곳은 1, 두 번째는 2, 그 다음은 3으로 표시해 주세요.

_____ 미술관	_____ 과학 센터
_____ 전문적인 운동 훈련캠프	_____ 발레 혹은 현대무용
_____ 역사적인 곳	_____ 음악 콘서트
_____ 주식 시장	_____ 지방자치 회의
_____ 텔레비전 스튜디오	_____ 컴퓨터 센터
_____ 식물원	_____ 법원
_____ 원거리 통신 센터	_____ 동물원
_____ 오케스트라 연주	_____ 무대 공연
_____ 3차원 다중 매체 영화	_____ 신문사

7. 내 년에 우주 정거장에 갈 수 있다고 상상해 보세요. 자유시간에 쓸 수 있는 몇 가지 개인적인 물건을 가지고 갈 수 있어요. 어떤 것을 가지고 갈지 적어주세요.

____
____
____
____
____

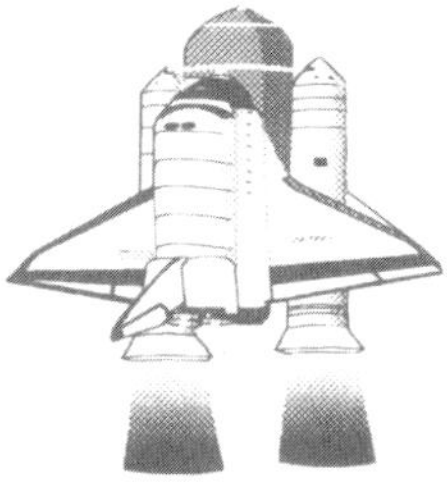

8. 미래에 여러분이 하고 싶은 직업을 소개하는 어떤 사람과 일주일을 보낸다고 상상해 보세요. 여러분이 선택한 사람의 직업은 무엇인가요?

첫 번째: ______________________________
두 번째: ______________________________
세 번째: ______________________________

9.

신문에는 다음과 같은 특별한 칼럼이나 섹션이 있어요. 여러분이 이 칼럼이나 섹션의 작가라고 상상해 보세요. 어떤 칼럼을 쓰고 싶나요? 첫 번째 것은 1, 두 번째는 2, 그 다음은 3으로 적어주세요.

______ 영화 평	______ 패션칼럼
______ 서평	______ 과학적 사실
______ 정치풍자 만화	______ 낱말 맞추기
______ 지역 역사	______ 캠핑
______ 주식시장 분석	______ 음악 비평
______ 개인 상담	______ 비지니스 추세
______ 비디오 게임평	______ 유머
______ 편집	______ 수학퍼즐
______ 저명인사	______ 장기 훈수
______ 자동차와 자전거	______ 스포츠 분석
______ 여행	______ 애완동물 관리
______ 인터넷 연결	______ 컴퓨터 칼럼
______ 사회활동 뉴스	______ 소비자 상담

10.

어떤 학교에서 학생들이 흥미를 가지는 수업 외에 다른 활동과 클럽활동을 할 수 있어요. 사실, 학생들은 클럽 활동을 하지 않았으므로 어떤 것에 흥미가 있는지 잘 몰라요. 심화활동은 흥미영역을 찾도록 도와주는 또 다른 방법이에요.

다음 아래에 여러 클럽활동의 예들이 있어요. 해본 적이 있는 활동엔 ×표를 하고, 앞으로 하고 싶은 것에 동그라미 하세요.

______ 신문	______ 언어클럽
______ 연감	______ 수집클럽
______ 4-H	______ 생태학클럽
______ 걸스카우트나 보이스카우트	______ 드라마
______ 요리클럽	______ 발명대회
______ 수학클럽	______ 과학클럽
______ 장기	______ 도서관 잡지
______ 육아클럽	______ 컴퓨터클럽
______ 수학 경시대회	______ 미래문제 해결클럽
______ 창의성 경시대회	______ 스포츠(예를 들면) ______
	____________________
	____________________

혹시 다른 것이 있나요? 아래의 빈 공간에 여러 분이 참여한 적이 있는 활동이나 클럽이 있으면 적어주세요.

11.

사람들은 학교에서 하는 활동이나 특별활동과 관계없는 것을 많이 해요. 다음은 여러 활동들이에요. 여러분이 얼마나 자주 각 활동에 참여하는지 해당되는 곳에 표시해 주세요. 학교 활동의 일부이거나 학교에서 하는 활동에는 표시하지 마세요.

	전혀 아니다	거의 아니다	때때로 그렇다	자주 그렇다
1. 단편 이야기, 희곡이나 시를 쓴다.	___	___	___	___
2. 부서진 라디오, 장난감, 기계나 가구를 고친다.	___	___	___	___
3. 과학 실험을 한다.	___	___	___	___
4. 컴퓨터 프로그램을 만든다.	___	___	___	___
5. 신문을 만든다.	___	___	___	___
6. 풍경, 사람이나 이상한 물건을 사진 찍는다.	___	___	___	___
7. 기온, 풍속, 강우량 등의 날씨를 매일 연구한다.	___	___	___	___
8. 정보를 찾으려고 인터넷을 사용한다.	___	___	___	___
9. 팀이나 클럽을 만든다.	___	___	___	___
10. 음악클럽을 만든다.	___	___	___	___
11. 음악이나 연극 단원이다.	___	___	___	___
12. 어린이를 위해 인형극을 한다.	___	___	___	___
13. 사업을 시작한다(예: 자동차 닦기, 자전거 수리, 장난감 자동차 팔기 등).	___	___	___	___
14. 코믹 만화를 디자인한다.	___	___	___	___
15. 흥미로운 사람, 대상 혹은 풍경을 그리거나 스케치한다.	___	___	___	___
16. 컴퓨터 그래픽 프로그램을 사용해서 독창적인 예술작품을 디자인한다.	___	___	___	___
17. 신문편집자나 공무원에게(시장, 국회의원 등) 편지나 이 메일을 보낸다.	___	___	___	___
18. 악기 연주를 배운다.	___	___	___	___

	전혀 아니다	거의 아니다	때때로 그렇다	자주 그렇다
19. 음악, 오페라 혹은 노래를 작곡한다.	____	____	____	____
20. 뜨개질, 목공 혹은 보석공예 등 수공예를 배운다.	____	____	____	____
21. 의상, 옷감, 혹은 가구를 디자인한다.	____	____	____	____
22. 대회에서 입상하였다(예: 장기, 작문, 미술, 운동 등).	____	____	____	____
23. 바깥에서 공연을 하였다(예: 서커스, 마술, 전시).	____	____	____	____
24. 모형을 만들거나 디자인한다(예: 모형비행기, 로켓, 기구풍선 등).	____	____	____	____
25. 영화를 찍거나 필름을 현상한다.	____	____	____	____
26. 재정관리를 위해 프로그램을 만들어 사용한다.	____	____	____	____
27. 운동프로그램을 만든다.	____	____	____	____
28. 다른 언어를 배운다.	____	____	____	____
29. 비밀번호를 만들거나 사용한다.	____	____	____	____
30. 안내문을 만들 때 컴퓨터 프로그램을 사용한다.	____	____	____	____
31. 1년 이상 동안 일기를 썼다.	____	____	____	____
32. 정기적으로 동물을 관찰하고 기록한다.	____	____	____	____
33. 정원에 꽃이나 나무를 심고 가꾼다.	____	____	____	____
34. 이웃 공동체 캠페인을 한다(재활용, 공원 살리기 등).	____	____	____	____
35. 정기적으로 신문, 과학이나 문학잡지를 읽는다.	____	____	____	____
36. 팔거나 쇼나 대회에 출전시키려고 동물을 키운다.	____	____	____	____
37. 비디오를 만든다.	____	____	____	____
38. 원작을 재미있게 공연한다.	____	____	____	____
39. 컴퓨터를 사용하여 안내판을 디자인하고 만든다.	____	____	____	____

The End

Secondary Interest-A-Lyzer

Thomas P. Hébert
The University of Alabama

Michele F. Sorensen
Berlin, Connecticut Public Schools

Joseph S. Renzulli
The University of Connecticut

본 도구는 흥미개발 도구로서, 여러분의 흥미를 개발하기 위한 기초자료로서 활용됩니다. 여러분이 제공하는 정보는 비밀이 보장됩니다. 본 조사결과에 따라 학습경험을 제공함으로써, 여러분의 흥미 및 재능을 개발하고 학습 잠재력에 도전을 제공하고자 합니다.

각 질문을 주의 깊게 읽고 가능한 한 여러분의 흥미를 분명하게 나타낼 수 있도록 자세한 정보를 주시기 바랍니다.

이름: ______________________

학년: ____________ 날짜: ____________

학교: ______________________

1.

여러분은 고등학교에서 하는 과정에 싫증을 느낄 수 있어요. 교장 선생님의 요청으로, 여러분은 비슷한 흥미를 가진 사람을 모아 적절한 과정을 디자인하게 되었어요. 그 과정을 어떻게 부르면 좋을까요? 무엇을 배우나요?

2.

교육 위원회는 학생 개개인이 선택한 곳으로 견학을 갈 수 있도록 재정을 지원하기로 결정하였어요. 여러분은 어디로 갈 것인가요? 가고 싶은 곳 세 곳과 그 곳에서 무엇을 할지 적어주세요. 왜 그렇게 생각했나요?

3.

여러분은 첫 번째 책을 다 쓰고 출판하려고 해요. 제목이 무엇입니까? 그 책은 무엇에 관한 내용인가요?

4.

여러분은 고등학교에서 콘서트를 계획하라는 요청을 받았어요. 예산은 무한정으로 책정이 되었어요. 저녁 프로그램으로 계획한 연주곡 세 개를 적어주세요.

5.

여러분의 고등학교 과학 선생님은 여러 특별한 주제를 발표하는 대회를 계획하고 있어요. 아래 대회 중 관심 있는 분야에서 발표하고 싶은 순서대로 1, 2, 그리고 3번으로 적어주세요.

______ 버려진 유해물질	______ 핵에너지 문제
______ 십대들의 건강문제	______ 온난화 현상
______ 유전공학	______ 환경문제
______ 멸종위기의 동물	______ 화산분출
______ 기상도	______ 기상학
______ 법정논쟁이 되는 의학	______ 강우림
______ 로봇	______ 천문학
______ 곤충학	______ 의학과 의학적 문제
______ 과학적 연구 및 방법	______ 생태학
______ 살충제와 환경	______ 기타: ______________

6.

헌법의 날을 맞이하여, 야당과 여당계 변호사가 여러분의 고등학교를 어떤 주제에 대한 토론에 참석해 달라고 초대했어요. 가능한 논쟁주제로 여러분이 선호하는 것을 3개만 적어주세요. 왜 이 주제들이 중요한 문제인가요?

7.

여러분은 사진작가예요. 여러 사진 중에 하나를 남겨두었어요. 어떤 사진인가요? 왜 그랬나요?

8.

여러분의 지역사회에 있는 십대에게 미래의 세대를 위해 타임캡슐에 넣을 것을 질문하였어요. 여러분을 나타낼 수 있는 10개의 개인 소지품을 넣을 수 있어요. 무엇을 캡슐에 넣을 것인가요?

9.

지방 신문사 직원과 일할 수 있는 기회가 있어요. 어느 부분에서 일하고 싶은가요? 3개까지 선택할 수 있어요. 좋아하는 순서대로 1, 2, 3을 적어 주세요.

______ 국가적 문제	______ 법적 문제
______ 요리와 영양	______ 영화소개
______ 정치만화	______ 낱말퍼즐
______ 지역 역사	______ 점성술
______ 주식시장분석	______ 음악
______ 패션	______ 소비자 보고
______ 개인 상담	______ 비지니스
______ 유머와 만화	______ 편집
______ 경축칼럼	______ 수학퍼즐
______ 어린이 페이지	______ 책 소개
______ 여행	______ 스포츠
______ 경제	______ 정치논평
______ 지역사건	______ 가십 난
______ 국제사건	______ 기타: ______________
______ 집안경영과 꾸미기	

10. 꿈에서 시간을 거슬러 갈 수 있어서 역사적인 시기에서 중요한 역할을 하게 되었어요. 어떤 시기에 대해 꿈을 꾸었나요? 거기서 누구를 만났나요?

11. 만약 과거든지 현재든지 여러분이 존경하는 사람을 인터뷰할 수 있다면, 누구를 할 것 인가요? 그 사람에게 어떤 것을 물어볼지 세 가지 질문을 적어주세요.

12. 만약 과거 인물이든지 현재 인물이든지 여러분이 존경하는 여성을 인터뷰할 수 있다면, 누구를 할 것 인가요? 그 사람에게 어떤 것을 물어볼지 세 가지 질문을 적어주세요.

13. 반 년 동안 교환학생으로 다른 나라에 갈 수 있다면 어느 나라에 가고 싶은가요? 왜 그런가요?

14.

여러분은 다른 나라 사람에게서 직접 그 나라 말을 배울 기회가 있어요. 배우고 싶은 외국어 세 가지는 무엇인가요? 왜 그런지 설명해 주세요.

15.

젊은이들이 직면한 중요한 문제들을 만나서 토론하기 위해 방과 후 집단을 만들려고 해요. 여러분이 참여하고 싶은 세미나를 순서대로 1, 2, 3으로 적어주세요.

______ 현 도덕적 문제	______ 친구관계
______ 국가적 안전	______ 세계평화
______ 직업 선택과 결정	______ 가족구조
______ 성차별 문제	______ 윤리적 문제
______ 죽음	______ 기타: ______________

16.

학교 위원회는 학교 전체에서 대회를 진행, 지원할 계획이에요. 신체와 관련된 활동이 그 특징이에요. 참가를 한다면, 어느 것에 참여하고 싶은지 세 가지 대회를 적어주세요. 개인적 혹은 집단적으로 한 것에 대해 평가를 받을 때 선호하는 것이 있으면 자세히 적어주세요.

17.

컴퓨터 프로그램을 디자인한 적이 있나요? 만약 그렇다면, 프로그램에 대해 자세히 적어주세요. 어떤 프로그램을 디자인 하고 싶다면, 어떤 것인가요?

18.

여러분이 흥미 있는 분야에서 전문가인 사람과 함께 활동할 수 있도록 생각 중이에요. 여러분이 이 활동에서 알아보고 싶은 영역 세 가지를 적어 주세요.

19.

여러분이 좋아하는 책 세 가지의 제목과 작가를 쓰세요. 책의 유형(과학소설, 시, 비사실적 등)을 적고 무엇에 관한 것인지 간단히 설명해 주세요.

20.

여러분이 즐겨 읽는 잡지 다섯 가지를 적어주세요. 그리고 순서를 표시해 주세요.

21.

여러분은 어떤 것을 수집하나요? 수집품에 대해 간단히 설명해 주세요. 만약 시간과 돈이 충분하다면 수집하고 싶은 것은 무엇인가요?

22.

영화를 제작하는데 참여해 달라는 요청을 받았어요. 무슨 종류의 영화인가요? 다음 중에서 좋아하는 것 세 가지를 골라주세요.

______ 다큐멘터리	______ 과학 소설
______ 음악적인	______ 고전적인
______ 생물학적인	______ 이국적인
______ 여행담	______ 코미디
______ 환상	______ 십대청중을 위한 대중 개봉
______ 미스터리	______ 모험
______ 공포	______ 일반 드라마

23.

여러분이 사는 동네에서, 사회활동 위원이 되어 달라는 부탁을 받았어요. 여러분의 일은 중요한 일로 공무원과 함께 일하는 것이에요. 여러분이 토론할 필요가 있다고 생각하는 세 가지 문제는 무엇인가요?

다음 질문을 읽고 해당되는 곳에 표시해 주세요.

여러분은 다음에 흥미가 있습니까?	네, 이 활동을 할 것이다.	아니오, 안 할 것이다.	흥미 있을 것 같다.	이 활동을 한 적이 있다.
출판할 의향으로 독창적인 글을 쓸 것인가?	______	______	______	______
자동차, 스테레오 혹은 집안 기구들을 고칠 것인가?	______	______	______	______
과학 실험을 할 것인가?	______	______	______	______
학교 신문을 발행할 것인가?	______	______	______	______
잡지 사진기사가 될 것인가?	______	______	______	______
천문학자들이 하는 밤하늘 관찰을 시작할 것인가?	______	______	______	______
주식 시장을 연구할 것인가?	______	______	______	______
새로운 학교 클럽이나 팀을 조직할 것인가?	______	______	______	______
음악 그룹이나 밴드를 시작할 것인가?	______	______	______	______
연극물을 공연할 것인가?	______	______	______	______
사업을 시작할 것인가?	______	______	______	______
코믹 극본을 쓸 것인가?	______	______	______	______
사람, 사물, 혹은 풍경을 그리고 스케치할 것인가?	______	______	______	______
정치적인 캠페인을 할 것인가?	______	______	______	______

	네, 이 활동을 할 것이다.	아니오, 안 할 것이다.	흥미 있을 것 같다.	이 활동을 한 적이 있다.
보석, 도자기, 실크스크린 같은 수공예를 할 것인가?	______	______	______	______
의상, 의류 및 가구를 디자인할 것인가?	______	______	______	______
건물을 디자인할 것인가?	______	______	______	______
발명품을 디자인할 것인가?	______	______	______	______
사진 실험실을 만들고, 거기서 사진을 현상할 것인가?	______	______	______	______
박물관이나 역사적인 곳을 방문할 것인가?	______	______	______	______
개인적인 일기를 쓸 것인가?	______	______	______	______
조직적으로 정원 일을 할 것인가?	______	______	______	______
이웃과 관련된 문제에 참여할 것인가?	______	______	______	______
시에라 클럽같은 사회활동 집단에 가입할 것인가?	______	______	______	______
컴퓨터 안내 게시판을 만들고 유지할 것인가?	______	______	______	______
자선 단체에 자원 봉사할 것인가?	______	______	______	______

PRIMARY ART INTEREST-A-LYZER

요약용지

이름: ______________________ 학년: __________

날짜: ______________ 교사: ______________________

주요 흥미:

색칠하기: ______________________

그림그리기: ______________________

사진 찍기: ______________________

조각하기: ______________________

인쇄하기: ______________________

상업적 예술: ______________________

예술사: ______________________

특별한 흥미:

____

____

____

____

____

Primary

Art Interest-A-Lyzer

Vidabeth Bensen

이름: ______________________ 나이: ________ 학년: ________

학교: ______________________ 날짜: ________________

본 질문들을 통해서 여러분이 미술에 대해 어떻게 느끼는지 알아보자고 합니다. 따라서 정답이 없습니다. 질문에 대답하기 전에 먼저 잘 생각해 주십시오. 친구가 느끼는 것이 아니라 여러분이 느끼는 대로 질문에 대답하는 것이 중요합니다.

1. 다음 중 어떤 것을 여가시간 중에 하고 싶은가요?

_____ 책에 색칠하기
_____ 그림 그리기
_____ 그림에 색칠하기
_____ 기타
_____ 예술에 관한 책이나 잡지보기
_____ 박물관 가기
_____ 다른 예술자료를 써보기

______________ ______________ ______________
______________ ______________ ______________

2. 미술 프로젝트를 한다면, 여러분은 어떤 것을 할 것인가요?

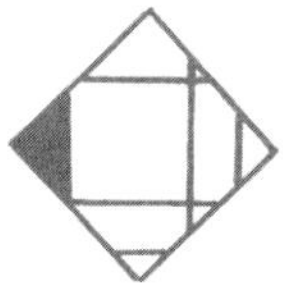

_____ 그림 그리기
_____ 사진 찍기
_____ 콜라주 하기
_____ 조각작품
_____ 실크 스크린 프린트
_____ 기타

3. 다음 직업 중 어떤 것에 대해 더 알고 싶은가요?

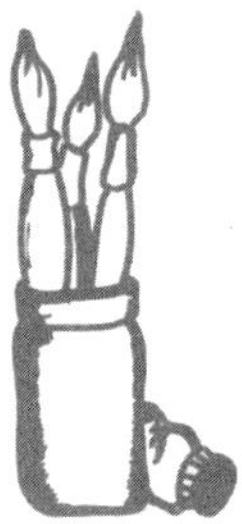

_____ 미술 선생님
_____ 화가
_____ 만화가
_____ 카드 디자이너
_____ 무대 세팅 디자이너
_____ 건축가
_____ 예술사 연구자
_____ 일러스트레이터
_____ 패션 디자이너
_____ 패션 일러스트레이터
_____ 사진작가
_____ 의상 디자이너
_____ 박물관에서 일하는 사람

4. 여러분이 그림을 그리거나 색칠하고 싶은 주제는 무엇인가요?

______________ ______________ ______________
______________ ______________ ______________

5. 여러분은 어떤 종류의 미술품을 보고 싶은가요?

______ 추상화　　　______ 사실화
______ 페인팅　　　______ 조각
______ 드로잉　　　______ 프린트
______ 사진　　　　______ 기타

6. 학교 밖에서 미술반이나 미술 레슨을 받은 적이 있나요?

______ 네　　　______ 아니오

만약 받았다면, 언제, 어디서 레슨을 받았는지 적어주세요.

____

7. 왜 미술을 좋아하나요?

____
____
____
____

ART INTEREST-A-LYZER

요약용지

이름: ______________________ 학년: ____________

날짜: ______________ 교사: ______________________

주요 흥미:

색칠하기: ______________________

그림그리기: ______________________

사진 찍기: ______________________

조각하기: ______________________

인쇄하기: ______________________

상업적 예술: ______________________

예술사: ______________________

특별한 흥미:

____

____

____

____

____

ART INTEREST-A-LYZER

지시사항

*Art Interest-A-Lyzer*는 영재반은 물론 초등학교와 중학교 이상 어느 수준에서든지 미술반 수업을 계획할 때 사용할 수 있다. 연구에 의하면, 학생들은 자기가 하고 있는 것에 흥미를 느낄 때 더 잘 성취한다. *Art Interest-A-Lyzer*는 미술에 관한 개별 프로젝트나 미술반을 계획하는데 유용하다. 이 도구를 사용함으로써 한 11학년 축구 선수가 실내 디자인에 흥미가 있음을 파악할 수 있었다. 또한 학교 교정에 세워 둘 조각을 디자인하고 만드는데 근 반 학기를 보낸 학생이 갖는 흥미도 알 수 있었다.

학생의 흥미를 파악하는데 있어 얼마간의 미술에 대한 지식과 기술이 필요하다. 그러므로 가장 좋은 방법은 미술기본 과정 후나 상급 수준 과정을 시작할 때, *Art Interest-A-Lyzer*를 실시하는 것이다. 일부 영재 미술반은 이 전에 미술에 흥미를 갖고 있는 것으로 판별된 학생들로 구성된다. 이와 같은 상황에서, *Art Interest-A-Lyzer*를 학기 초에 실시할 수 있다.

Art Interest-A-Lyzer 결과를 편집함으로써, 유사한 흥미를 가진 학생을 함께 팀으로 만들어, 소집단 프로젝트에 대한 생각과 활동을 같이 할 수 있다. 개인적 혹은 집단에서 학생과 함께 본 결과를 의논하는 것은 매우 바람직하며 가장 적절한 방향으로 유도할 수 있다.

Art Interest-A-Lyzer 실시:

*Art Interest-A-Lyzer*는 실시하는데 대개 한 시간 정도 시간이 소요된다. 처음에 질문을 하고 학생 스스로 자신의 반응을 생각해 보도록 한다. 교사는 처음에 본 도구를 소개하고 그 다음 만날 때 실시할 수 있다. 강조할 사항은 친구보다는 학생 자신의 의견이 가장 중요하다는 것이다.

Art Interest-A-Lyzer 채점:

요약용지를 사용하여, 학생의 반응에서 특히 눈에 띄는 특정한 흥미영역을 적는다.

학생이 다 한 *Art Interest-A-Lyzer*를 보면서, 요약용지의 특정 범주별로 학생의 반응을 더한다. 만약 학생이 일관적으로 그림그리기를 선호하는 것으로 나타나면, 그림그리기가 가장 확실한 홍미사항이다. 요약용지에 표시하는 것 외에 학생의 말을 듣고 특정영역에 대한 홍미를 파악할 수 있다.

Art Interest-A-Lyzer 결과 사용:

각 특정 범주별로 표시하고 학생이 선호하는 것에 대해 결론을 내린 후, 학급 토론을 하여 학생들이 대답한 홍미를 살펴보는 것은 좋은 생각이다. 그리고 나서, 유사한 홍미를 가진 학생을 집단으로 구성하여 소집단이나 개인적으로 프로젝트를 할 때 서로 의견을 나눌 수 있다. *Art Interest-A-Lyzer*의 결과를 도표로 나타내어 미술 프로그램 시 사용할 수 있다. 학습의 크기와 교사의 역량에 따라, 자발적으로 활동을 개인적, 소집단 혹은 학급활동으로 실시할 수 있다. 학생의 홍미가 비실제적이면, 왜 포함되지 않았는지 충분히 설명하는 것이 중요하다 (자료 불충분, 공간부족 등). 학생들은 개인 및 소집단으로 좋아하는 것을 탐색하면서, 학생의 홍미는 충족된다. 이와 같은 중요하며 홍미진진한 교육과정을 통해서, 학생들은 즐겁게 프로젝트를 할 수 있으며, 교사 또한 결과에 만족스러워 할 것이다.

일반적인 흥미 영역	특별한 흥미	개인 혹은 소집단 프로젝트 및 활동
그림그리기	벽화	벽화 및 벽화 화가 소개 벽화 역사 연구 가능한 벽화를 볼 수 있는 지역을 방문 벽화를 소장한 박물관과 미술관 방문 벽화 그리기를 배울 수 있는 학교나 지역사회에 대한 토론 자료 및 장비 비용 등에 대한 스케치와 계획서 작성 책임자에게 제출 승인을 얻은 후 프로젝트 진행
인쇄	실크스크린	주제소개 프린트를 만드는 여러 유형을 연구하고 그룹으로 발견한 사항을 발표 실크스크린 기술을 배움 프린트를 전시한 미술관 및 박물관 방문 지역에서 실크스크린 활동을 하는 사람의 작업실 방문 실크스크린 방법을 사용해서 만든 여러 물건에 대한 연구 작업할 특별 프로젝트를 결정 앞으로 할 프로젝트 최종 형식을 결정하기 위해 스케치한 것을 제출 프로젝트 진행 실크스크린 인쇄

Interest-A-Lyzer 결과를 사용한 두 개의 예로서 학생의 흥미를 미술교육과정에 어떻게 통합할 수 있는지를 보여준다. 어떤 주제도 이와 같은 방법으로 실시할 수 있으며, 그 결과 학생들의 흥미에 맞는 교육과정을 개발할 수 있다.

ART INTEREST-A-LYZER

Vidabeth Bensen

이름: ______________________ 나이: ____________

학교: ______________________ 학년: ____________

날짜: ____________

미술은 매우 개인적인 주제입니다. 여러분들이 미술에 대해 느끼는 방식에 보다 익숙해질 수 있도록, 본 *Art Interest-A-Lyzer*의 질문에 대답해 주십시오. 본 질문은 시험이 아니므로 정답은 없습니다.

여러분은 일부 미술활동 시간을 사용하여 소집단 혹은 개인적으로 프로젝트를 할 수 있습니다. 여러분에게 흥미가 있는 프로젝트를 할 수 있기를 바랍니다. 그러나 정말 여러분에게 흥미 있는 것이 무엇인지 알기 위해서는 생각을 해야 합니다.

이 질문에 대답할 때 충분히 시간을 가지고, 여러분이 어떻게 느끼는지 생각해 보십시오. 여러분의 친구가 어떻게 느끼는지가 아닙니다. 끝까지 질문에 대답하기 전까지 어느 누구와도 질문에 대해 이야기하지 마십시오. 여러분의 대답은 비밀이 보장됩니다. 만약 여러분이 나중에 교사 및 친구들과 질문에 대해 이야기를 나누고 싶다면, 그렇게 할 수 있습니다.

*Art Interest-A-Lyzer*는 미술에 대한 여러분의 흥미를 생각하도록 돕는데 그 목적이 있습니다.

1. 다음 중 어떤 것을 여가시간 중에 하고 싶은가요?

______ 그림 그리기
______ 그림 색칠하기
______ 유명한 예술가에 대한 글 읽기
______ 예술에 관한 잡지 읽기
______ 박물관이나 미술관 방문하기
______ 여러 예술품과 공예품 조사하기
______ 진흙으로 작업하기
______ 예술과 공예품에 대한 비디오 및 영화 보기
______ 예술가나 조각가의 작업실 방문하기
______ 기타 ______________________________

2. 미술 도구를 사려고 기금을 마련하는 미술그룹의 단원이라고 상상해보세요. 각 단원은 각자 예술품을 만들고 파는 프로젝트에서 어떤 것을 할지 정하기로 했습니다. 여러분은 다음의 것 중에서 어떤 것을 결정했는지 순서대로 1, 2, 그리고 3으로 적어주세요.

______ 그림 그리기
______ 조각하기
______ 광고용 사진 찍기
______ 바닥에 까는 선전용 전단 만들기
______ 실크스크린 인쇄물 만들기
______ 인쇄할 티셔츠 만들기
______ 콜라주 하기
______ 보석공예하기
______ 그림틀을 만들고 붙이기
______ 전시물을 설치하고 진열하기
______ 기타 ______________________________

3. 여러분의 선생님은 유명한 예술가에 대한 전기물을 읽고, 보고서를 쓰는 숙제를 내 주었어요. 여러분은 어떤 예술가의 전기를 읽고 싶은가요? 아래에 적어주세요.

____
____
____

4. 일주일 동안 여러분의 미술반을 지도해 달라고 현재 생존해 있는 미술가를 초대한다면, 누구를 초대할 것인가요?

첫 번째: ______________________________

두 번째: ______________________________

세 번째: ______________________________

5. 일주일 동안 여러분의 미술반을 지도해 달라고 지금은 고인이 된 미술가를 초대한다면, 누구를 초대할 것인가요?

첫 번째: ______________________

두 번째: ______________________

세 번째: ______________________

6. 여러분이 그리고 싶은 주제를 몇 가지 적어주세요.

____

____

____

7. 여러분은 어떤 그림을 감상하는 것을 좋아하나요?

_____ 추상화 _____ 사실화

_____ 페인팅 _____ 드로잉

_____ 조각 _____ 프린트

_____ 사진 _____ 기타 ______________

8. 만약 여러분의 방을 장식할 예술품 한 점을 살 수 있다면, 어떤 것을 살 것인가요?

_____ 그림 _____ 사진 _____ 인쇄

_____ 도자기 _____ 조각 _____ 모빌

_____ 기타 ______________________________

만약 여러분이 고른 예술품이 있으면, 적어주세요.

9. 여러분은 커서 미술가가 되려고 해요. 미술에는 많은 종류의 직업이 있어요. 다음 중에서 더 배우고 싶은 것이 있으면 표시해 주세요.

______ 미술 선생님
______ 그래픽 디자이너
______ 일러스트레이터
______ 광고 예술가
______ 실내 디자이너
______ 패션 디자이너
______ 패션 일러스트레이터
______ 무대 디자이너
______ 의상 디자이너
______ 예술 치료사
______ 사진작가
______ 건축가
______ 메이크업 디자이너
______ 컴퓨터 예술가
______ 프리랜서 예술가
______ 포스터 예술가
______ 초상화가
______ 공예가
______ 박물관 사서
______ 미술관 소장인
______ 예술 평론가
______ 인쇄업자
______ 의학 일러스트레이터
______ 도예가
______ 산업 디자이너
______ 만화가
______ 보석 디자이너
______ 책 일러스트레이터
______ 설계 예술가
______ 카드 디자이너
______ 무대 세트 디자이너
______ 예술 강연자
______ 전시 디자이너
______ 미술역사가
______ 서예가
______ 기타

10. 방과 후나 주말 동안 여가 시간을 이용하여 다음의 어떤 활동을 한 적이 있나요? 여러분이 한 활동 중에 수업 중이나 학교에서 하는 활동이 아닌 것에 표시해 주세요.

______ 사설 미술 레슨
______ 박물관 혹은 미술관 방문
______ 미술품점이나 공예점에서 시간을 보냄
______ 미술 도구를 파는 가게를 감
______ 미술가의 작업실을 방문
______ 미술에 대해 누군가와 이야기를 나눔
______ 드로잉이나 그림을 그리면서 시간을 보냄
______ 미술과 관련된 클럽이나 활동을 함
______ 도서관에서 미술에 관한 인쇄물을 빌림
______ 여행 중에 카메라를 가지고 다니며 사진을 찍음
______ 사진전시에 감(자연, 인물, 지역 풍경 등)
______ 여행 중이나 흥미 있는 곳 및 사건을 만나면 스케치함
______ 미술과 미술가에 관한 책을 읽음
______ 미술에 관한 잡지를 읽음

11. 만약 학교건물이나 교정을 예쁘게 꾸밀 수 있는 기회가 있다면, 어떻게 꾸밀 건가요?

12. 다음의 빈 칸을 사용하여, 왜 미술을 좋아하며 미술품의 주제에 대해 어떻게 느끼는지 적어주세요.

MY BOOK OF THINGS AND STUFF

이름: ______________________

학교: ______________________

학년: ____________ 나이: ________

여러분은 어떤 클럽이나 팀의 회원인가요?
여기에 자세하게 이야기 해 주세요.

우표, 동전 혹은 조개껍질 같은 것을 모으나요?
여기에 자세하게 이야기 해 주세요.

여러분이 가 본 곳 중에서 가장 흥미 있는 곳은 어디인가요?

____

____

때때로 우리들은 커서 무엇이 될까 상상을 합니다. 여러분이 더 나이가 들었을 때 어떨지 그림으로 그려 주세요.

나는 ______________________이(가) 될 거예요.

여러분의 반이 연극을 한다고 상상해 보세요. 친구들과 함께 할 거예요. 연극에서 제일 먼저 하고 싶은 것에 1, 두 번째하고 싶은 것은 2, 그리고 그 다음은 3을 그림 옆에 있는 동그라미 안에 써 주세요.

○ 조명을 할 거예요

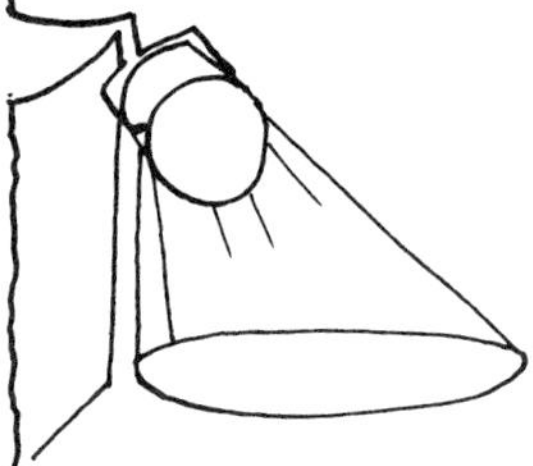

○ 배우를 할 거예요

(무대에서 말을 하는 것)

○ 음향 소리를 할 거예요

○ 극본을 쓸 거예요

(생각을 글로 쓰는 것)

○ 감독을 할 거예요

(모두 함께 연극하도록 하는 것)

○ 장면을 그리고 색칠할 거예요

○ 포스터와 프로그램을 만들 거예요.

한국말 말고 다른 나라 말을 하고, 읽고 쓸 줄 아나요?

집에서 과학 실험을 하나요?

여러분은 만화를 만든 적이 있나요?

여러분은 자랑스러운 것을 한 적이 있나요?

역자 소개

이미순 (uconnmisoon@gmail.com)
University of Connecticut 교육심리(철학박사, 영재교육 전공)

♣ 저 · 역서 및 논문

교육과정 압축: 우수학생을 위한 정규교육과정 수정지침(2007)
다중메뉴모델: 차별화된 교육과정 개발을 위한 실제적인 지침(2007)
심화집단: 실제세계, 학생-주도적인 학습을 위한 실제적인 지침(2007)
영재아 행동특성 평정척도(2007)
재능개발을 위한 학교: 학교의 전반적인 개선을 위한 실제적인 계획(2007)
종합재능기록표: 영재아 판별과 교육을 위한 체계적인 계획(2007)
학습스타일 검사도구, 3판: 학생이 선호하는 교수방법 측정도구(2007)
소외 영재 지도교사의 성공적인 지능 교수효능감(2006)
조기진급 및 조기졸업 유무에 따른 학업 동기와 자기조절적인 학습능력(2006)
Effects of Cultural Orientation on Psychosocial Adaptation of Korean Americans(2007) 외

흥미도구들: 교사용 지침

Interest-A-Lyzer: Family of Instruments
A Manual for Teachers

인 쇄 일 2007년 6월 15일 초판 인쇄
발 행 일 2007년 6월 20일 초판 발행
저 자 Joseph S. Renzulli 지음
역 자 이미순 옮김
발 행 인 구본하
발 행 처 도서출판 박학사
주 소 서울시 마포구 서교동 476-53 세화회관
전 화 (02)3142-3765
팩 스 (02)3142-3766
E-mail pakhaksa@kornet.net
웹사이트 www.pakhaksa.co.kr
등록번호 제10-2230호

정가 5,000원 ISBN 978-89-91633-33-9